Opere dello stesso autore:

- *'Asfâr wa sirâb – Viaggi e miraggi* (bilingue arabo-italiano), ed. I Fiori di Campo, 2003

- *'Inni qarartu 'Akhîran an 'arhala b'aîdan m'a-l-laqâliq – Ho deciso finalmente... andrò via con le cicogne...*, (bilingue arabo-italiano), Collezione Maestrale, 2005

- *Poésies depuis la ville de Menton - Poésias desde la ciudad de Menton*, (bilingue spagnolo-francese) ed. Edilivre, 2008 ; ed. BOD, 2016

- *Silvia o la ilusión del amor*, (spagnolo) ed. Lampi di Stampa, 2010

- *Tierra del Fuego*, (spagnolo) ed. Lampi di Stampa, 2014

- *Il caimano*, (italiano) ed. BoD, 2014

- *Muhît al-kalimât – Oceano di parole*, (bilingue arabo-italiano) ed. BoD, 2014

- *Guardando altrove*, (italiano) ed. BoD, 2016

- *Poesia della Nuova Era Vol. I*, (italiano) ed. BoD, 2016

- *Rotta per l'India* ed. BoD, (italiano) 2016

- *El marcalibros*, (spagnolo) ed. BoD, 2017

- *Rosso di Marte*, (italiano) ed. BoD, 2017

- *Lemhat al-hida'at - Il profilo del nibbio*, (bilingue arabo-italiano) ed. BoD, 2018

- *Il ritorno dello sciamano*, (italiano) ed.BoD, 2018

Angelo Rizzi

Intuizioni e memorie

Immagine di copertina: ritratto di *Vasco da Gama*, di António Manuel da Fonseca

© 2019, Angelo Rizzi

Éditeur : BoD-Books on Demand
12/14 rond point des Champs Élysées, 75008 Paris, France
Impression : Books on Demand, Norderstedt, Allemagne
ISBN : 9782322109265
Dépôt légal : février 2019

Biografia

Angelo Rizzi è nato a Sant'Angelo Lodigiano. Dopo aver ottenuto un diploma in Lingua e Cultura Araba all'IS.M.E.O. di Milano, Si è laureato in Lingua, Cultura e Letteratura Araba all'Università Michel de Montaigne di Bordeaux in Francia. Italiano madrelingua, ha composto i suoi poemi in arabo, spagnolo, francese e italiano. Grazie a questa sua particolarità, è stato invitato ed ha partecipato ad un congresso all'UNESCO nel 2006, a Parigi, sul tema *"Dialogo tra le Nazioni"*.
Ha ottenuto diversi riconoscimenti letterari ed ha partecipato a numerosi incontri poetici di rinomanza internazionale a Roma, L'Avana, Parigi, Curtea de Argeş, Djerba.

Riconoscimenti letterari.

Tra i più importanti: **Vincitore Assoluto** del XX° **Premio Mondiale Nosside**, 2004. Menzione d'Onore per la raccolta *'Asfâr wa Sirâb - Viaggi e Miraggi*, al premio Sogno di un Caffé di Mezza Estate, 2004 e Medaglia d'Argento per la stessa opera al Premio Internazionale Maestrale, 2004. Menzione di Merito al Premio Internazionale Poseidonia Paestum, 2005. **I° Premio** al Premio Internazionale Tra le Parole e l'Infinito, 2008, dopo avere vinto per tre volte il **II° premio** nello stesso concorso nel 2005, 2006, 2007. **III° Premio** al Premio Internazionale Bodini 2009.
Menzione Internazionale al Premio Alpas XXI, Brasile, 2009. **I° Premio** al Premio Internazionale Città di Sassari per la poesia inedita, Italia 2010. Premio della Critica al Premio Internazionale Tra le Parole e l'Infinito, 2010. **II° Premio** per

la raccolta *Silvia o la ilusión del amor*, della Giuria Scuole al Premio Internazionale Città di Sassari, 2011. Menzione speciale della Giuria per la Critica per la raccolta *Poésies depuis la ville de Menton-Poesías desde la ciudad de Menton* al Premio Internazionale Città di Sassari, 2012 e Premio Speciale per la Critica della Giuria delle Scuole per la stessa opera. Menzione di Merito al Concorso Internazionale "Vitruvio", 2012. Ha ottenuto il **Premio per la Migliore Opera in lingua straniera** per la raccolta *Poésies depuis la ville de Menton-Poesías desde la ciudad de Menton*, al Premio Internazionale Locanda del Doge, 2013. **II° Premio** al Premio Internazionale Carmelina Ghiotto Zini, 2013. Menzione Speciale al Premio Letterario Città di Livorno, 2014. **I° Premio** al Concorso Internazionale di Poesia Città di Voghera, 2014. **III° Classificato** per la silloge inedita *Il caimano* al Premio Internazionale Città di Sassari 2014 e Menzione Speciale per la stessa opera edita e ampliata al Premio Internazionale Casentino, 2015. **II° Premio** al Premio Letterario "Il litorale", per l'opera *Muhît al-kalimât – Oceano di parole*, 2016. Menzione d'Onore sempre per la raccolta *Muhît al-kalimât – Oceano di parole*, al Premio Casentino, 2016. Premio per la Critica, però stavolta per la narrativa (racconto breve), al Premio Internazionale Tra le Parole e l'Infinito, 2016 e 2018. Premio per la Critica per la raccolta *Rosso di marte*, al Premio Europeo Massa città fiabesca d'arte e di marmo 2017.
È stato Finalista in vari premi internazionali in Italia, Spagna, Svizzera, Argentina, Venezuela e Stati Uniti.
Sue poesie sono apparse in antologie e riviste in Italia, Stati Uniti, Svizzera, Cuba, Argentina, Kuwait, Spagna, Brasile, Romania, Hong Kong, India e Bolivia.

Membro di *REMES* (Red Mundial de Escritores en Español); *World Poet Society*; *Poetas del Mundo* e *SELAE* (Sociedad de Escritores Latino-Americanos y Europeos).
Nel 2015, a Cruz Alta (R/S) in Brasile, è stato nominato Accademico Corrispondente Internazionale dalla *Academia Internacional de Artes, Letras e Ciénsas* ALPAS XXI.

Partecipazioni Letterarie
- Reading Poetico all'Istituto Italo - Latinoamericano, Roma, 2004.
- Fiera del Libro, L'Avana. Ospite d'Onore alla premiazione del Premio Nosside Caribe, Cuba. 2005.
- Festival della Poesia, L'Avana, Cuba 2005.
- Reading Poetico alla Fiera del Libro, L'Avana, Cuba, 2006.
- Congresso all'UNESCO sul tema "Dialogo tra le Nazioni", Parigi, 2006.
- Reading Poetico a "Institut du Monde Arabe", Parigi, 2006.
- Salone del Libro di Montecarlo, Monaco, 2014.
- Fête du Livre di Breil sur Roya, Francia, 2014.
- Festival du Livre di Mouans-Sartoux, Francia, 2014.
- Salone del Libro di Montecarlo, Monaco, 2015.
- Salone del Libro di Montecarlo, Monaco, 2016.
- Festival Internazionale della Poesia, Curtea de Argeş, Romania, 2016.
- Reading Poetico Internazionale in chiusura al *I° Symposium Science et Conscience*, Djerba, Tunisia, 2017
- Reading Poetico Internazionale in chiusura al *II° Symposium Science et Conscience*, Djerba, Tunisia, 2018
- Salone del Libro di Montecarlo, Monaco, 2018

Prefazione

Intuizioni e memorie è il terzo volume dopo *Rotta per l'India* e *Il ritorno dello sciamano* della saga sul tema della "reincarnazione". Originale opera in prosa poetica felicemente inventata da Angelo Rizzi, che ci trasporta da un secolo all'altro e ci fa viaggiare attraverso la storia e le epoche. Come nei due precedenti volumi il tema del *"dèjà vu"*, è proposto come ricerca, basato su forti intuizioni, visioni personali intense, la pratica della radiestesia, oltre ad alcune informazioni fornite da una *medium*. In ogni nuovo volume l'argomento si approfondisce e si avverte una sempre più profonda indagine personale da parte dell'autore. Gli scritti e le vite anteriori non seguono una linea cronologica, ma ricchi di indizi appaiono, come se colui che li scrive fosse in possesso della *macchina del tempo*. La scrittura è piacevolissima e rende gli scritti accessibili a tutti, sia a chi crede alle vite anteriori, sia a chi ci crede poco o conserva dei dubbi sull'argomento. Françoise la veggente, nominata in questo volume e nel precedente, ha detto all'autore: *Tu, credi di inventare, ma quello che scrivi è il tuo vissuto!*
Angelo Rizzi è un autore poliedrico, sia nelle lingue, poiché ha già composto poemi in arabo, spagnolo, francese, italiano, sia nelle tematiche proposte e sia nel percorso biografico con partecipazioni poetiche e letterarie internazionali in Italia, Francia, Cuba, Romania, Tunisia, senza scordare il Brasile, dove l'Accademia "ALPAS 21" lo ha nominato Accademico Corrispondente Internazionale. A tutto questo va aggiunto che i suoi scritti sono apparsi su articoli, riviste, antologie collettive in Italia, Spagna, Svizzera, Romania, Argentina, Brasile, Kuwait, Hong Kong, Stati Uniti, India e Bolivia.

La conoscenza è reminescenza.
Platone

Intuizioni e memorie

Peloponneso

Vedo l'Acropoli in alto
sono stanco, ma felice
appena tornato
da una lunga guerra
che mi ha regalato
sette cicatrici e molti onori.
Una donna
saputo del mio ritorno
mi aspettava guardando il mare
gli occhi verdi e fieri
che celavano
una grande tenerezza.
Attraverso l'*agorà*
vestito di tunica bianca
al di sopra del ginocchio
con bordi grigi
un mantello rosso che scende
dalla spalla sinistra
mi avvicino
con passo lento e grato
lungo i portici
che giungono al Senato.

Spiego ai saggi
che a mio avviso
Sparta, l'eterna nemica
ci riproverà
è solo questione di tempo.
Provavo ammirazione
per il modo spartano
di combattere
del resto a quello
si dedicavano
sin da bambini.
Ci schernivano
come molli filosofi e poeti
però stavolta
ancora una volta
abbiamo vinto noi.

Il pilota

Appena salito sulla nave
mi presentarono a Paulo da Gama
come João il *pilota*.
Da dove vieni? mi disse.
Da Coimbra! risposi.
Ah! João de Coimbra!
Ho inteso spesso parlare di te!
La tua reputazione
è una garanzia per il nostro viaggio!
Siamo salpati in centosettantasei
tre galeoni e una nave da carico
ogni nave un comandante
un pilota, uno scrivano
un nostromo
di frati confessori
solo due volontari
e dei militari, marinai
ma anche galeotti
che sarebbero stati graziati
se riuscivano a tornare.
Siamo partiti
con buon vento in poppa

con tanto coraggio, ardore
desiderio di fama e ricchezza.
Nessuno
si era mai avventurato
in simile impresa
ove poche erano
le possibilità di tornare.
Conoscendo a fondo i venti
le correnti contrarie
che rallentano l'andatura
avvicinandosi al continente
il comandante Vasco da Gama
decise temerario, di abbandonare
il profilo familiare della costa
e con incredibile manovra
prendere una rotta per sud-ovest
immergendoci
nell'azzurra vastità dell'oceano.
Tre mesi senza vedere una terra
lo scorbuto, la dissenteria
e un primo ammutinamento

fino a scorgere uccelli
che volavano verso sud-est
come se atterrassero
in seguito balene e foche
alghe, quindi vita
ma era solo un'isola
la credevamo disabitata
più tardi qualcuno
la chiamerà Sant'Elena.

pilota: ufficiale di navigazione

Equipaggio principale del 1° viaggio di Vasco da Gama alla scoperta della Rotta per l'India:
Nave San Gabriel : comandante, **Vasco da Gama**; pilota, **Pêro de Alenquer**; scrivano di bordo, **Diogo Dias**; nostromo, **Gonçalo Álvares**.
Nave San Rafael : comandante, **Paulo da Gama;** pilota, **João de Coimbra**; scrivano di bordo, **João de Sá** e **Álvaro Velho**.
Nave Berrio : comandante, **Nicolau Coelho**, pilota, **Pêro Escobar**, scrivano di bordo, **Álvaro Braga**.
Caravella con viveri e scorte : comandante **Gonçalo Nunes**.
Religioso: Frate **Pedro da Covilhã**, amico e confessore di Vasco da Gama.

Il messaggero

In una torre, scrivo
messaggi per i reali
di Francia ed Inghilterra.
Colombo mi ha incaricato
di fargli da messaggero
convinto che sia l'uomo adatto
grazie alle mie conoscenze
la mia esperienza
di cosmografo e navigatore.
Colombo vuol ripartire
dopo il trionfo del primo viaggio
che gli ha attirato gelosie
il fallimento del terzo
che l'ha riportato in catene.
Colombo è un uomo testardo
e vuole bleffare il destino
lo ammiro e lo trovo esigente
dal troppo volere
non gli resta più niente.

Mano nella mano

Vedo le grotte troglodite
di Tataouine
e bimbi seduti fronte a me
attenti
alcuni grandi
altri più piccoli
una classe unica.
Non odo voci
tutto sembra lontano
molto lontano.
Cosa faccio qui?
Chi sono?
Dagli abiti che porto
sembra fine milleottocento.
Sono maestro?
Maestro di scuola?
Perché proprio qui?
Tra gli allievi, una bimba
mi ricorda Saida
da come mi guarda
sento che è mia figlia.
Dopo la lezione

tutti se ne vanno
tranne lei che mi attende.
Chiudo la porta
ce ne andiamo
nella mano sinistra
stringo un libro
nella destra
tengo la sua mano.

Razzia

Di notte
ci avviciniamo
alle nostre navi
singolari navi
con la prua a testa di drago
incastriamo gli scudi ai lati
salpiamo in silenzio
vestiti con pelli di animale
puzzano, l'odore è forte
insopportabile
servono per le incursioni
per confondere i nemici
il vento sarà nostro alleato.
Il viaggio è lungo
ognuno di noi rema
a turno
mentre gli altri riposano
sarà il mio primo
vero combattimento
oggi si saprà
se sarò un prode guerriero
che un giorno

accederà al Valhalla
o se dovrò occuparmi
degli animali
costruire case di legno
e paglia incatramata
coltivare la terra.
Ora tocca a me remare
con altri
ci sono anche tre donne
temibili d'ascia e di spada.
Rallentiamo
restiamo in silenzio
saltiamo a terra
continuiamo a piedi
Arrivati alle porte del villaggio
qualcuno grida: I Danesi!
La sorpresa non è riuscita
lo scontro si annuncia violento
rumore d'armi, di scudi
il sangue che schizza.

A quanto pare non si saprà
se sarò combattente
o contadino
il mio corpo giace
a terra
inerte
a faccia in giù.

Il cavallo è pronto

Mi ha fatto chiamare
ed è meglio non farlo aspettare
oltre al fatto che far parte
della stretta cerchia
del *consiglio*, del governo
è un privilegio raro.
Vuole sempre il mio parere
gli dico
ma lo sa anche lui
di fare attenzione
ai *giannizzeri*
anche loro
vogliono il potere.
È uomo coraggioso
determinato
vuole che il popolo
si ricordi di lui
percorre il paese
preleva le imposte
però ascolta le loro esigenze.
Mourad Bey
il secondo del nome

mi invia presso tribù fedeli
per cercare appoggi
consolidare
la parziale autonomia
che ha conquistato.
Conosco città
lingue, persone
viaggio, creo relazioni
tratto, ritorno, riferisco.
Mi appresto a partire
il cavallo è pronto
mezz'ora dopo
mi fermo, mi volto
guardo Tunisi dietro me
un pensiero improvviso mi dice:
Vivi il momento presente!

Il prossimo viaggio

In seguito ad alcune letture
cominciai a frequentare
alcuni circoli di Londra
dei cenacoli privati
ero molto interessato
alla reincarnazione.
Una conferenza dopo l'altra
di lettura in lettura
oltre nuove amicizie
con visioni comuni
l'interesse aumentava
si trasformava in passione
per diventare missione.
Oltretutto intuivo
che il prossimo viaggio
avrebbe favorito
positivamente influenzato
senz'altro ispirato
l'attività di scrittore.
Presi il mare a fine novembre
quando le chiome degli alberi
iniziano a cambiare colore.

Lo scrittore

Mi ha detto Françoise
la veggente
che nell'ultima vita
mi vedeva
scrittore conosciuto
a Parigi
dedicando libri.
Chi ero non so
ma saperlo e dirlo
potrebbe portare
ad equivoci, malintesi.
L'importante è stato
il realizzarsi
attraverso la parola
le parole che volano alte
come le creature
che spesso
osservo nel cielo
e ammiro
nei loro ampi cerchi
quando planano adagio
verso l'infinito.

Esattamente come le parole!
Cosa scrivevo non so
come non so
da quando scrivevo
però nella vita attuale
quella che sto vivendo
ho iniziato a scrivere
quel giorno in cui
un ricordo più intenso
ha fatto fermentare
nel mio animo
un qualcosa che assomiglia
al miracolo, al prodigio
un qualcosa che ha risvegliato
un antico umanesimo
nella memoria sopita
e ha risvegliato la parola
che prolunga l'emozione
tra il turchese e il carminio
di un placido tramonto.

Il ritorno a palazzo

Glielo avevo detto
ma lo sapeva anche lui
di non fidarsi dei *giannizzeri*
e così hanno preso il potere
approfittando della sua assenza.
Però ha molte risorse
è pugnace, sa quel che vuole
ha consiglieri fedeli
gli appoggi sono serviti
riesce a tornare a palazzo.
Gli consiglio
e lui approva
di prediligere i *mamelucchi*
come guardia personale
per emanciparsi
dalla milizia turca.
Mourad Bey
il secondo del nome
mi invia come ambasciatore
a Istambul
tra due continenti
capitale dell'impero.

Ora che Tunisi
ha ottenuto
una parziale autonomia
dovrei tastare il terreno
per vedere
se c'è uno spiraglio
una possibilità
affinché la nostra terra
diventi indipendente
una monarchia, un regno
e il *bey* un re.
Gli propongo
ma lo sa anche lui
che dovremmo promettere
qualcosa in cambio
promettere molto
che però questa
è solo politica
e si sa che le promesse
quelle dei politici
hanno vita effimera
il sultano protrebbe cambiare
forse cadere

dobbiamo cercare alleanze
stando attenti a non cadere noi.
L'impero si espande
volge lo sguardo a occidente
sembra meno interessato
alle nostre contrade
più si allarga
più perde il controllo
delle periferie
potrebbe essere
il momento buono
per trattare
fingendo sottomissione
alleanza
un accordo.
La mia vita
questa vita
intensa ma breve
è terminata
a soli venticinque anni
il perché non lo so
non ricordo
così mi hanno detto.

L'essenza delle cose

Tra i discepoli di Socrate
non imponevo la mia presenza
ancora troppo giovane
un po maldestro
non dominavo la *dialettica*
ma ascoltavo attentamente
affascinato come tutti
dalla parola del maestro
quando ci invitava a cogliere
l'essenza delle cose.
Quando gli oligarchi infastiditi
per la sua arte di persuasione
per aver introdotto l'ironia
l'autocoscienza
lo obbligarono al suicidio
ognuno di noi ebbe un brivido
timore per la vita
ma chi regnava era avveduto
lungimirante
ci permise di fargli visita
convinti
che eliminando la nostra guida

il gruppo si sarebbe disperso.
Uccisero l'uomo controcorrente
non l'idea
che si ramificò in altre idee
speculazioni, opinioni
pensieri, concezioni
basate sul sapere.

La riva silvestre

Madras!
Eccomi qui
dopo un lungo viaggio
in questa città dal mitico nome
qualcuno mi attende al molo
prende i miei bagagli
mi accompagna
sa dove vado.
Davanti all'entrata
della Società Teosofica
situata sul bordo
della magnifica riva silvestre
del fiume Adyar
esitai un attimo
forse l'emozione
o qualcos'altro.
Cercavo risposte
a domande, dubbi, intuizioni
che sentivo
mi avrebbero portato
ad altre peregrinazioni.

In questa dimora
incontrai persone
giunte da ogni parte del mondo
con un interesse comune
l'idea di creare
una nuova ed unica umanità
l'umano senza confini ne limiti
l'umano spirituale
per capire, quindi ricordare
che siamo tutti un Uno.
Affascinante l'idea dell'Unità
però i tempi erano precoci
l'opinione pubblica non ancora pronta
al di là di teorie
e di correnti di pensiero differenti
benché in apparenza convergenti
trovavo i loro discorsi un po' confusi
a volte fuorvianti
inoltre sono avverso alle gerarchie
ai capigruppo
nonostante li ritenga a volte necessari.
Così, me ne andai
del resto, la mia prima attrazione

era e restava la reincarnazione.
Sarei dovuto ritornare a Londra
ma non prima di aver visitato
almeno in parte
questo immenso paese
dai mille paesaggi
dalle molteplici etnie
lingue, religioni.

Il mondo delle idee

Discepolo in seguito di Platone
feci parte dell'*Accademia*
diventando un fervente
sostenitore del *dialogo*.
Il maestro sapeva
che esistevano due mondi
quello dell'apparenza
e il mondo delle idee.
Menzionava che il ricordo
quell'effetto di *déjà vu*
diventava una via d'accesso
alla realtà più profonda delle cose.
Diceva che la nostra anima
prima di cadere nel corpo
compie un magnifico viaggio
nel cielo delle idee
le conosce tutte
e ne conosce tutti i principi
se riesce a imprimerle
a coglierne il vero senso
qualora ricada in un corpo
se ne ricorderà bene

poiché tutto il nostro sapere
non è che ricordare
un ricordare che ci riporta
a questo stato della nostra vita
anteriore alla caduta nel corpo.

La casa con la torre

Sono salito in alto
ai Giardini di Boboli
guardando tutto attorno
ogni casa, ogni luogo
fino a quando ho detto:
È quella!
La casa con la torre
della quale
mi parlava Françoise!
La torre dove mi vedeva
scrittore solitario
scrivere con una penna
come quelle
che si usavano una volta
un luogo magnifico
impressionante.
Nel vederla
non ho provato emozione
piuttosto
un sentimento di certezza.

La propria via

Ognuno di noi
evolvendo alla *Scuola di Atene*
concepiva la propria idea
il proprio concetto
lasciando alle spalle
gli ardori giovanili
cercava la propria via
facendo una professione
del pensiero, della parola
della riflessione.
In compagnia
di un altro discepolo
lasciai l'*Accademia*
invitato alla corte di Ermia
dove in seguito raggiunti
dal più giovane Aristotele
che acquisiva e ordinava
tutte le conoscenze
fondammo
la nostra scuola di filosofia.

Efeso

Sono nato in una città
che non esiste più
mi sembra il primo secolo
avanti Cristo
parlavamo lingue antiche
ne leggevamo altre
sui dodicimila rotoli
nella Biblioteca di Celso.
Sovente non vedevo il sole
trascorrevo giorni interi
catalogando i manoscritti
sugli scaffali in legno
incastrati nei muri
mi assisteva
in questo mansione
la dolce zelante Xenia
mi pare che quello
fosse il suo nome
è un nome che risuona in me
come un eco.
A volte all'alba salivamo
al tempio di Artemide

una delle sette
meraviglie del mondo
ci piaceva questo luogo
per riflettere, leggere
e dall'alto
ammirare il mondo.
Ci affascinava il ritmo
delle sue *colonne ioniche*
che provocavano con il sole
garbati giochi di luci e d'ombre.

Canti

Portavo sempre con me
un rametto
di *rosmarinus officinalis*
nonostante il priore
non gradisse i talismani
ma avevo ogni volta
una risposta a tutto
e in fin dei conti
ero io, il *fratello speziale*.
Mi addentravo nei boschi
e su per il monte
cercando le erbe medicinali
salvia, timo, maggiorana
origano, malva, ortica
valeriana.
Mi assentavo per ore
nel silenzio e la solitudine
benché mi facesse compagnia
la natura
nella sua immensa bellezza
nella sua amorevole intelligenza.
Un ricordo improvviso

mi ha riportato qui
sembra la Toscana
molti secoli fa
in questa vita anteriore
una vita duale
di solitudine
e di comunità, unità
universalità
tra i monaci benedettini.
Nel *laboratorium*
devo preparare tisane e decotti
per il duca del castello vicino
che ha dei malanni
nelle parti basse
oltre a medicine, unguenti
per coloro che ci visitano
che bussano
alla porta del monastero.
Che pace la sera
quando ascolto i passi nel buio
che mi portano
nella sala con gli altri

per intonare per tre ore
antifone e responsori
difficili canti gregoriani
bisogna aver cura
della respirazione
dell'armonia
nell'alternanza tra i due cori
inebrianti, pacificanti
come una meditazione.

Epistole

A quanto pare, ero già stato
monaco *speziale*
molto tempo prima
in Francia
non so ancora dove
il posto
lo sto cercando.
Conoscevo la grammatica
la scienza medica
la chimica
Avevo
uno scambio epistolare
con Ildegarda
badessa benedettina
sulle rive del Reno
in Germania
che coniugando
fede e scienza
si dedicò
allo studio dell'uomo
e del cosmo.
Secondo lei

la malattia
era il risultato
della separazione dall'Unità.
Non ci sono malattie
mi ricordava con fervore
ma uomini malati
uomini integrati in un Universo
che così come partecipa
alla loro disgrazia
deve anche
prendere parte alla cura
devono essere curati
nella loro interezza
corpo e anima
anche se la natura
può e deve
venire in loro aiuto
spesso è nella loro saggezza
nella moderazione
nell'autocontrollo
dove troveranno la forza
che sosterrà

la loro guarigione.
Le chiedevo a volte consigli
per curare mali rari
o per consolidare
le mie conoscenze
confortarmi nel mio sapere.
La sua opera
si presentava
come un trattato
di medicina naturalistica
permeata di spiritualità.

Laboratorium

Nel *laboratorium*
sono in simbiosi
con vasi, boccali, scatole
ampolle, spatole, torchi, mortai.
Un duca e un visconte
temono di essere avvelenati
propongo *mitridate* e *teriaca*
invio un messaggio alla badessa
per scambiare esperienze e dosi
ne approfitto e mi consulto
per altre cure
per purghe di succo di rosa
sciroppi di radicchio e liquirizia
mentre per uso esterno
consiglia oli di mandorle
ginepro e noce.
Mi aggiorno anche
con manoscritti arabi
che cominciano
ad arrivare nei monasteri
li trovo nello *scriptorium*
dove c'è un *fratello*

linguista e traduttore
che tra l'altro mi chiede
tintura blu per decorare
le pagine dei libri.
Se non trovo l'*isatis tinctoria*
qui attorno
dovrò partire per cercarla
in altri posti.

Il cartografo

A quanto sembra
ho avuto a che fare
con Jean Mabillon
ancora un *benedettino*
lo ripeto, ancora...
non è una vera ripetizione
ma un concatenamento
visto che ho conosciuto
questa confraternita
in prima persona
e pur non facendone più parte
ne ho contatti in un'altra vita
o meglio nell'inframondo.
Di lui, già si parlava
uomo dotato, di grande pensiero
instancabile viaggiatore
alla ricerca di libri
e manoscritti medievali
che arricchissero la biblioteca reale.
Partì a piedi verso le Fiandre
s'interessò a titolo postumo
poiché ero già deceduto

alle mie mappe
e a copie che avevo realizzato
carte del planisfero di De Jode
mio maestro e predecessore.
Lo intrigava
come fosse possibile
un secolo prima, benchè
in modo un po' impreciso
raffigurare terre all'Estremo Nord
ma anche all'Estremo Sud
visto che nessuno ne parlava
nessuno ne aveva parlato.
Ah! Jean Mabillon!
Che uomo erudito!
Religioso, rigoroso
con se stesso
ma aperto verso gli altri
entrò in polemica
al suo ritorno
dopo i suoi viaggi
con l'abate
fondatore dei *trappisti*

che predisponeva
un ritorno dei monasteri
a comportamenti più austeri
mentre lui difendeva
il diritto
a coltivare lo studio.
Non l'ho conosciuto
personalmente
però in alto, nei sette cieli
si vengono a sapere molti fatti
molte cose, ogni cosa.
Quando lui
acquisì le mie mappe
ero già incarnato
in un'altra persona
scrittore conosciuto
a Madrid.
Lassù, in alto
il tempo non ha
misura lineare
così
come l'abbiamo inventato

noi sulla Terra
il presente
il passato
il futuro
vivono lo stesso momento
contemporaneamente
nello stesso istante
come vite parallele.

La missiva

Una mattina umida
di mezza stagione
il sole pallido
molto pallido
molto timido
si nasconde dietro nubi
alberi e brume.
Un leggero colpo di speroni
e il cavallo trotta
lasciando l'accampamento
alle nostre spalle.
Sono diplomatico spagnolo
in viaggio verso sud
porto una missiva.
Nel Monferrato
la guerra è finita
abbiamo perso qualche villaggio
alcune città
conquistato altre posizioni.
Ho partecipato
con il governatore militare
a discussioni con i francesi
i piemontesi, gli alemanni
per trasformare questa tregua

in un trattato di pace
un po' come giocare a scacchi
ambito dove mi son fatto
una certa nomea.
Nel messaggio che porto
vi sono le condizioni
che imponiamo noi
e quelle pretese dagli avversari.
Il mio cavallo è bianco
mi accompagnano tre soldati
e un capitano amico
ci attendono
quattro giorni di strada
se non facciamo brutti incontri.
Sono felice
di lasciarmi dietro
un'atmosfera impantanata
di morti, peste nera
stanchezza, inedia
sono felice
di questo incarico
che mi dà l'opportunità
di rivedere Genova.

La colonia francese

All'aurora, lascio Madras
direzione incerta
scelgo infine
di visitare Pondicherry
una colonia francese
ho studiato la loro lingua
e me la cavo piuttosto bene.
Mi presento al governatore
gentilmente mi invita a cena
ogni sera per una settimana
ogni pasto termina sulla veranda
conversando e fumando il sigaro.
Non ha spesso ospiti inglesi
non vedo spesso dei francesi
mi racconta di commercio, d'oriente
gli porto notizie d'occidente
c'è curiosità fra di noi
benché lui sia tra coloro
che appena parli di *reincarnazione*
ti rispondono snobbandoti
e sicuri di sè: Io non credo
a queste cose!

Questo però, non impedisce
cordialità e simpatia reciproca.
Mi dico spesso con ironia:
Se sono tollerante con me stesso
allora, posso esserlo con tutti!

Vichinghi

Piove
odo risa, un brusio di voci
alzo il viso dal fango
ci metto qualche minuto
per capire dove sono.
Lentamente
muovo le braccia
le gambe
la testa mi duole
sanguina
la razzia è andata bene
ho preso un duro colpo
che mi ha stordito.
Non ho potuto
mostrare il mio valore
mi dicono che sono giovane
avrò altre possibilità
e che il Valhalla
lo si deve meritare.
I gabbiani che volteggiano
un po' lontano
ci indicano
la direzione del mare.

Ritornati alla nostra città
si festeggia
si divide il bottino
e già si parla di una razzia
più importante
verso un paese
chiamato Anglia.

Kerala

Dico addio al governatore
alle sue cene
alle nostre gradevoli conversazioni
seguo il profilo sud del continente
fino a Trivandrum, la sempreverde
sulla costa tropicale.
Mi indicano un villaggio
dove un anziano
conosciuto per la sua saggezza
può dirmi molto sulle vite anteriori.
Vado all'incontro con un interprete
ciò che mi rivela, mi intriga
mi affascina, mi sorprende
la sua non è una visione induista
ma universalista
mi dice che sono già passato
per l'India e ci ho già vissuto
lo percepisce dalle mie domande.
Mi invita a meditare
almeno due volte al giorno
a farne una disciplina
e col tempo troverò da solo
altre risposte.

Proseguo il viaggio verso Cochin
faccio deviazione nell'entroterra
verso i versanti delle montagne
ricoperti di piantagioni
tè, caffè, spezie
intravedo, celati nella giungla
elefanti, primati, tigri.
La successione di immagini
è incessante, crea in me
una certa eccitazione
scrivo appunti, prendo nota
qualche schizzo, dei disegni.
Sto arrivando alla fine del viaggio
fiero di aver preso questa decisione
di aver saputo come al solito
unire l'utile al dilettevole.

João de Coimbra

Doppiato il Capo, si prese
la direzione d'oriente
fino all'isola di Mozambico
li ci volevano ingannare
senza successo
seguimmo verso Mombasa
stando all'erta
perché i due popoli erano alleati.
Arrivati a Malindi
l'atmosfera fu amichevole
e non per nulla
il sultano era nemico
degli altri due.
Ci offrì arancie in quantità
per combattere lo scorbuto
e persino un uomo
che conosceva queste acque
fino alla nostra destinazione.
Duemilacinquecento miglia
percorremmo l'ultimo mese
cartografando la rotta
segnando i venti, le correnti.

Iinfine l'India!
Ce l'abbiamo fatta!
Avvistiamo Calicut
la più ricca
città del Malabar
lunghissime spiagge dorate
bordate da palme
e gente, a prima vista
accogliente, ma l'attitudine
restava ambigua
reciprocamente sospettosa.
Esaminai un tratto di costa
mi consultai
con gli altri due piloti
e i tre comandanti
li convinsi a spostare le navi
in una baia appartata e protetta
in un'isola
a qualche miglia di distanza.
Françoise, la veggente
mi aveva detto: Ti vedo
con una mappa tra le mani

la mostri agli altri
sei tu ad averli guidati
in un luogo più sicuro
per evitar loro dei pericoli
del resto sei sempre stato
prudente come un serpente
semplice come una colomba.

Indice
Pag. 2 - Opere dello stesso autore
Pag. 5 - Biografia
Pag. 8 - Prefazione

Intuizioni e memorie

Pag. 12 - Peloponneso
Pag. 14 - Il pilota
Pag. 17 - Il messaggero
Pag. 18 - Mano nella mano
Pag. 20 - Razzia
Pag. 23 - Il cavallo è pronto
Pag. 25 - Il prossimo viaggio
Pag. 26 - Lo scrittore
Pag. 28 - Ritorno a palazzo
Pag. 31 - L'essenza delle cose
Pag. 33 - La riva silvestre
Pag. 36 - Il mondo delle idee
Pag. 38 - La casa con la torre
Pag. 39 - La propria via
Pag. 40 - Efeso
Pag. 42 - Canti
Pag. 45 - Epistole
Pag. 48 - Laboratorium
Pag. 50 - Il cartografo
Pag. 54 - La missiva
Pag. 56 - La colonia francese
Pag. 58 - Vichinghi
Pag. 60 - Kerala
Pag. 62 - João de Coimbra